MULTIPLICATION 4TH GRADE MATH ESSENTIALS
Children's Arithmetic Books

Speedy Publishing LLC
40 E. Main St. #1156
Newark, DE 19711
www.speedypublishing.com

Copyright 2016

All Rights reserved. No part of this book may be reproduced or used in any way or form or by any means whether electronic or mechanical, this means that you cannot record or photocopy any material ideas or tips that are provided in this book

Multiplication is one of the four elementary, mathematical operations of arithmetic.

BASIC MULTIPLICATION

1. 5 x 3 = ___
2. 6 x 4 = ___
3. 7 x 2 = ___
4. 8 x 4 = ___
5. 6 x 3 = ___
6. 8 x 8 = ___
7. 2 x 9 = ___
8. 7 x 7 = ___

9. 8 x 2 = ___

10. 9 x 6 = ___

11. 8 x 6 = ___

12. 3 x 2 = ___

13. 1 x 9 = ___

14. 6 x 5 = ___

15. 0 x 9 = ___

16. 5 x 3 = ___

17. 6 x 7 = ___
18. 9 x 4 = ___
19. 2 x 2 = ___
20. 4 x 4 = ___

21. 4 x 5 = ___
22. 9 x 7 = ___
23. 3 x 2 = ___
24. 4 x 3 = ___

25. 9 x 8 = ___

26. 8 x 7 = ___

27. 9 x 5 = ___

28. 6 x 6 = ___

29. 3 x 3 = ___

30. 2 x 6 = ___

31. 3 x 5 = ___

32. 4 x 8 = ___

33. $8 \times 5 = \underline{}$

34. $7 \times 4 = \underline{}$

35. $5 \times 5 = \underline{}$

36. $3 \times 9 = \underline{}$

37. $7 \times 3 = \underline{}$

38. $1 \times 7 = \underline{}$

39. $2 \times 4 = \underline{}$

40. $3 \times 3 = \underline{}$

41. 5 x 8 = ___
42. 3 x 9 = ___
43. 4 x 9 = ___
44. 7 x 7 = ___

45. 5 x 2 = ___
46. 2 x 7 = ___
47. 9 x 2 = ___
48. 3 x 8 = ___

49. 1 x 8 = ___
50. 2 x 1 = ___
51. 4 x 2 = ___
52. 4 x 6 = ___
53. 5 x 6 = ___
54. 6 x 9 = ___
55. 6 x 1 = ___
56. 1 x 1 = ___

Target Circles
0-9

Complete the circle by multiplying the number in the center by the middle ring to get the outer numbers.

1)
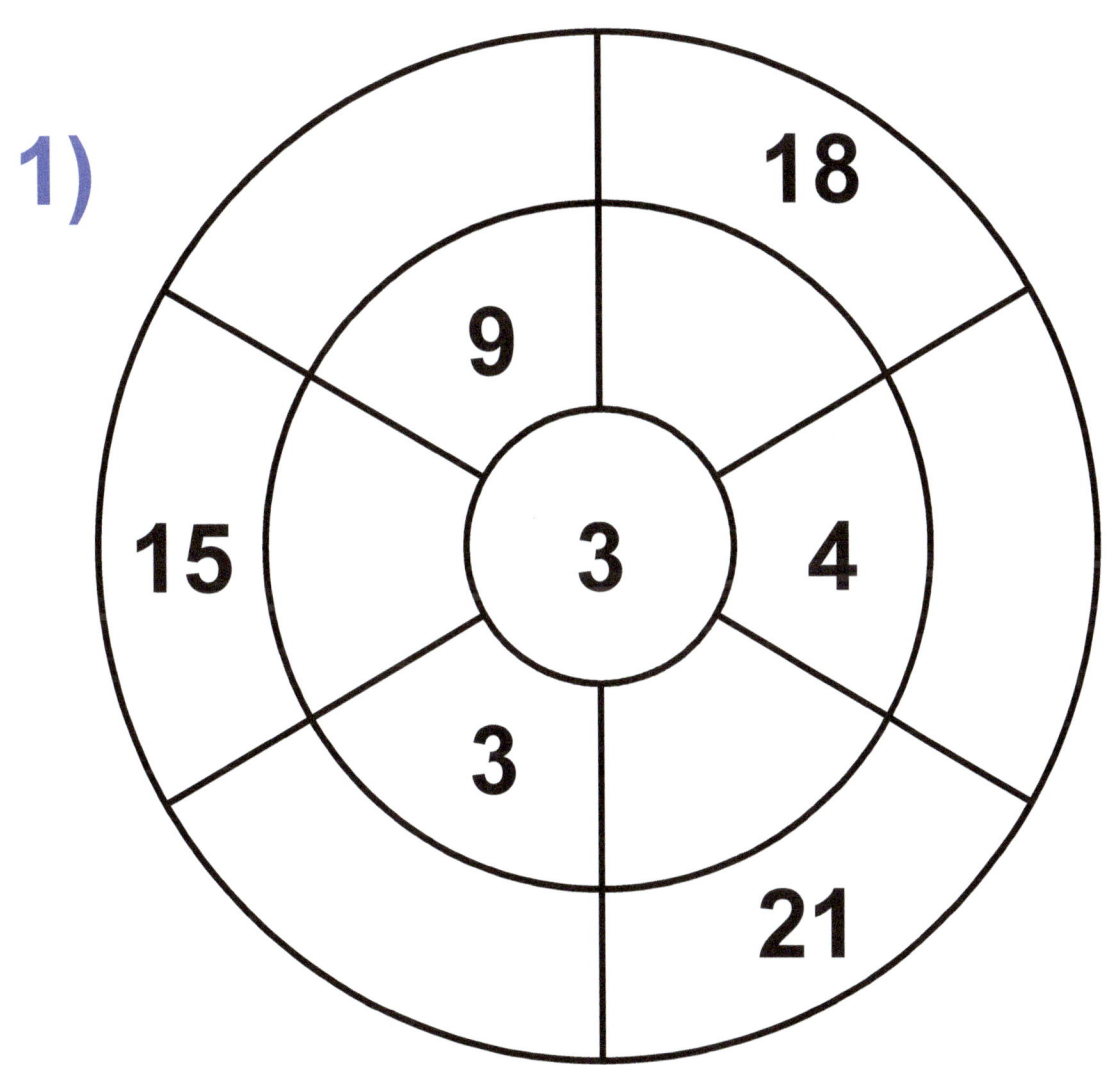

2)

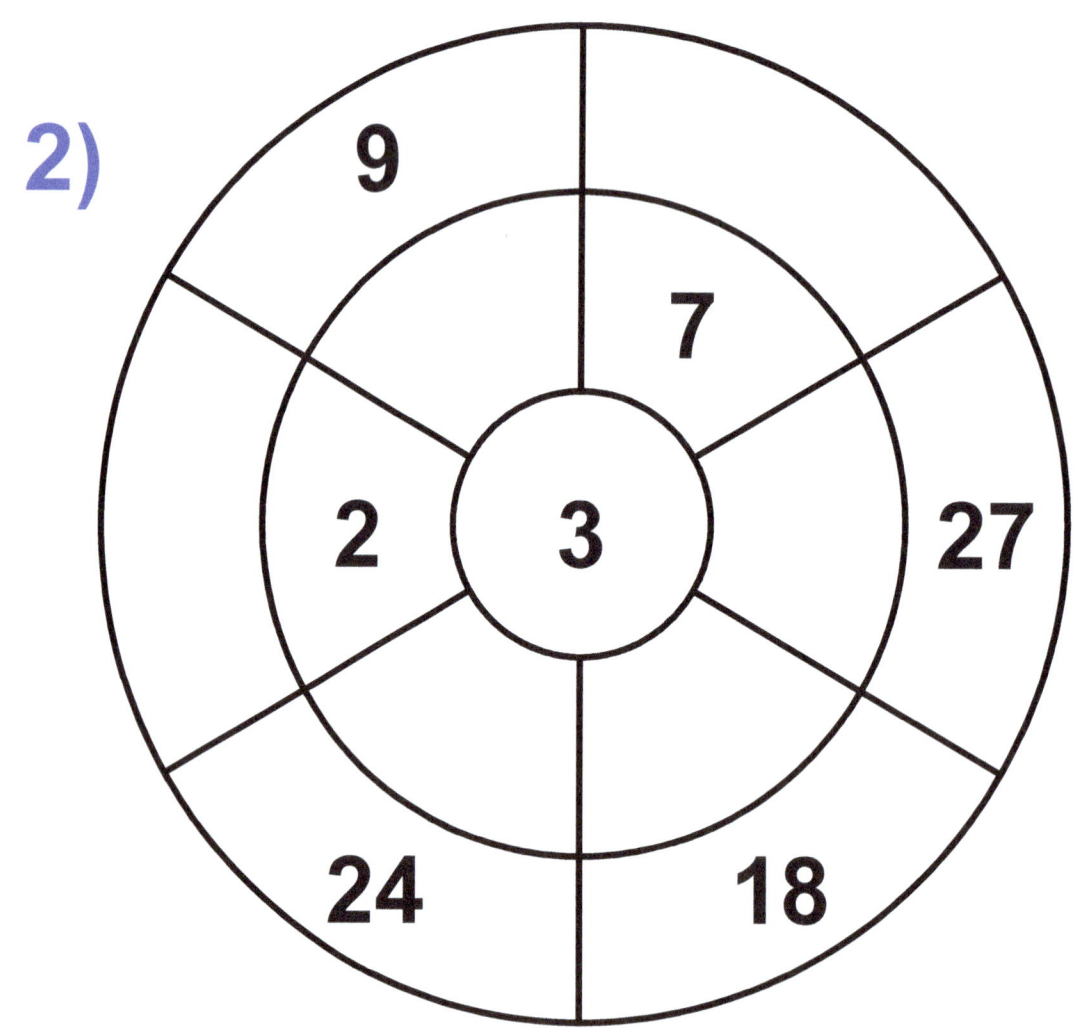

3)
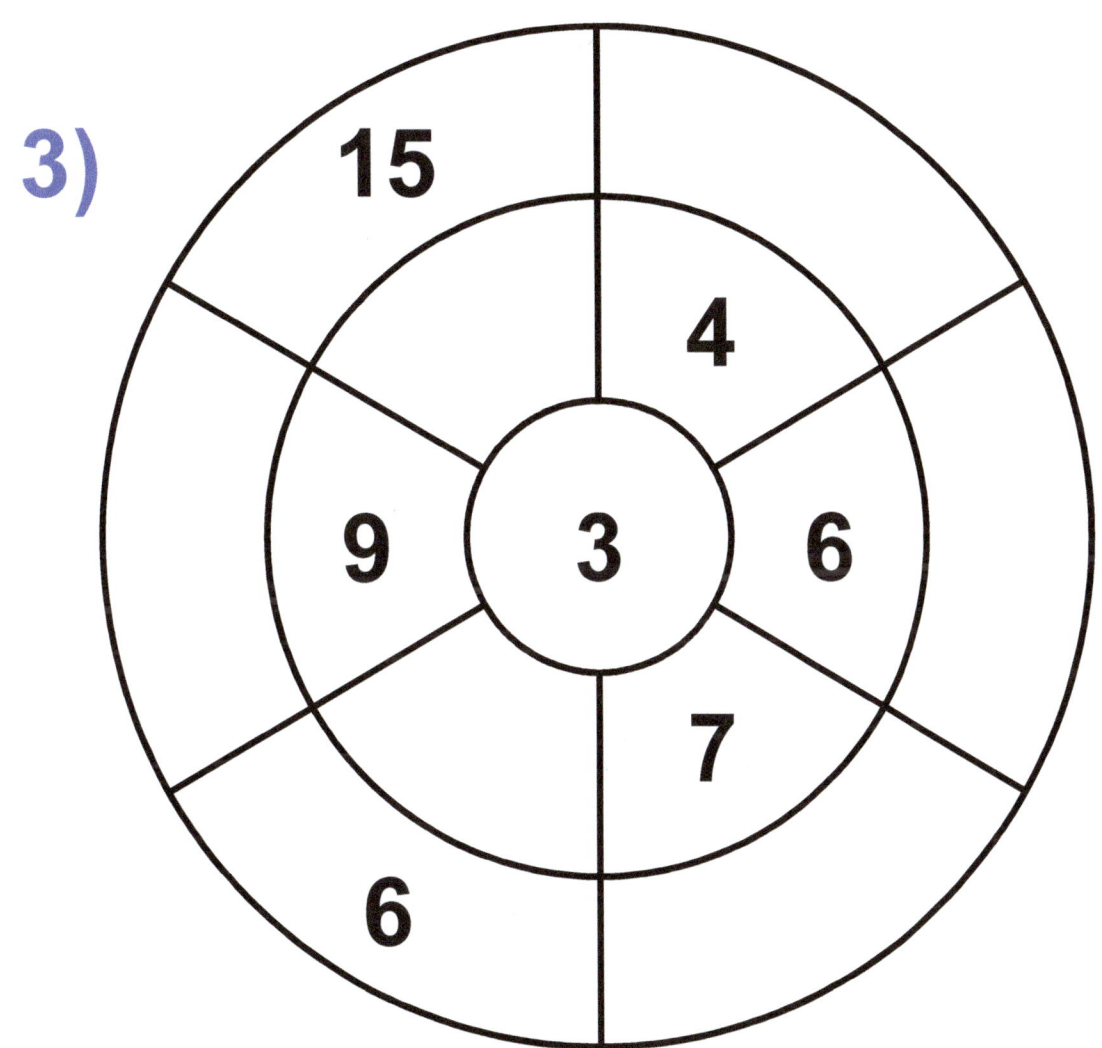

4)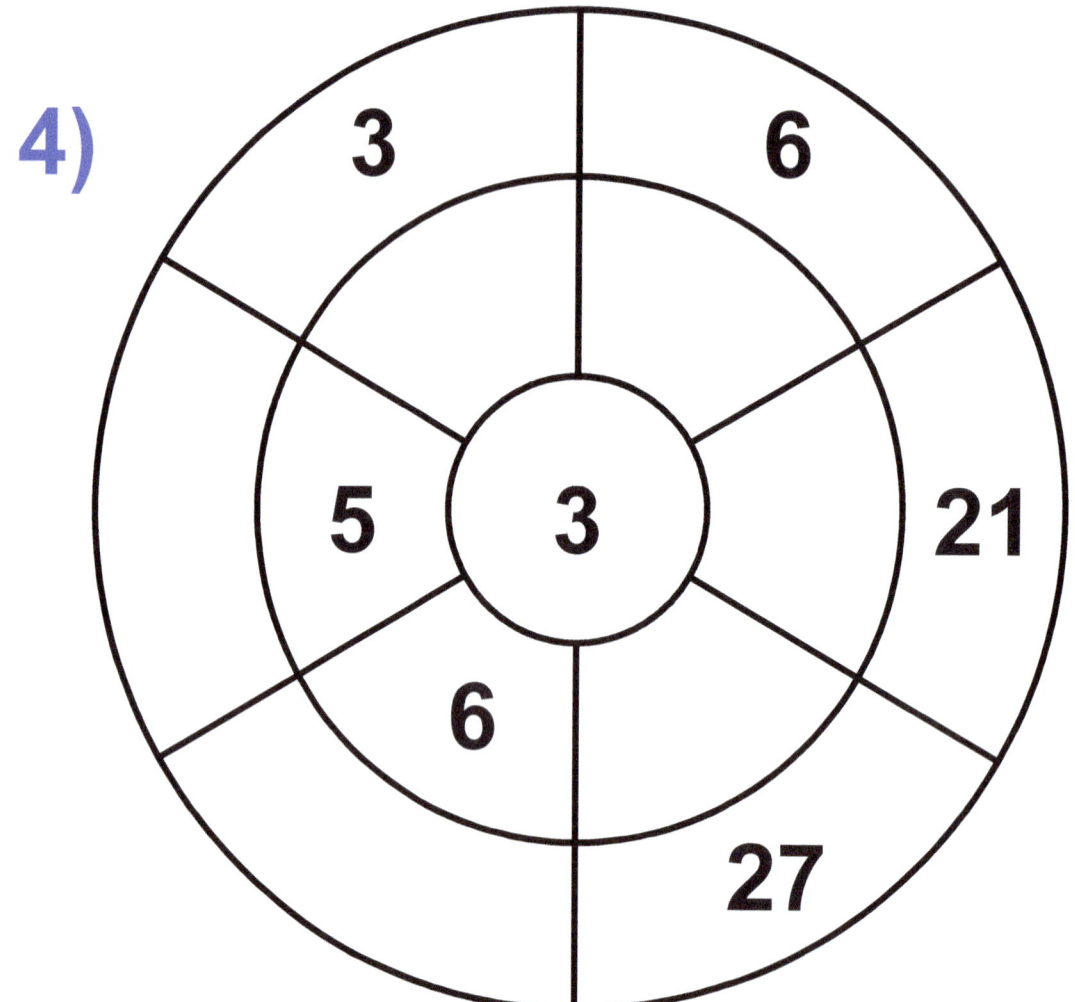

5)
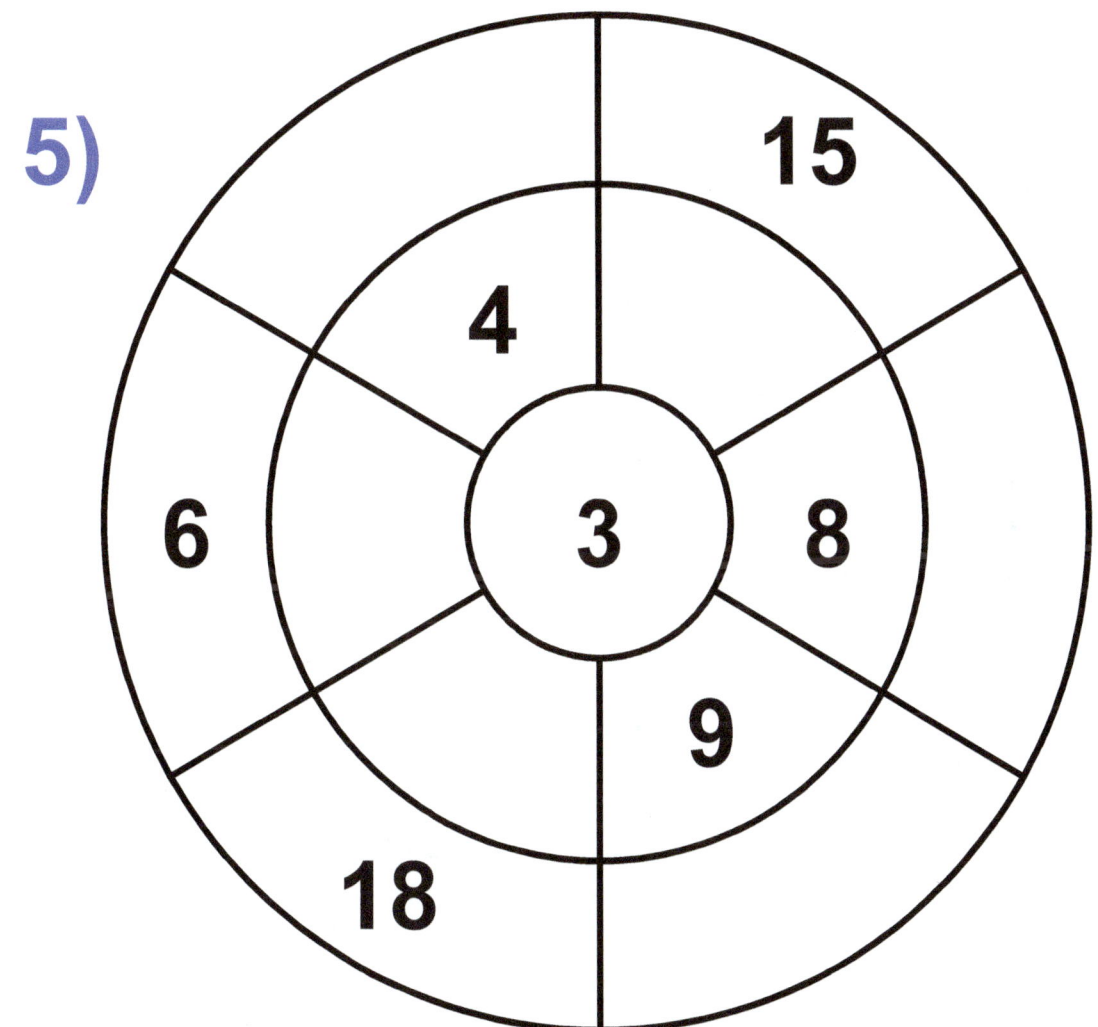

6)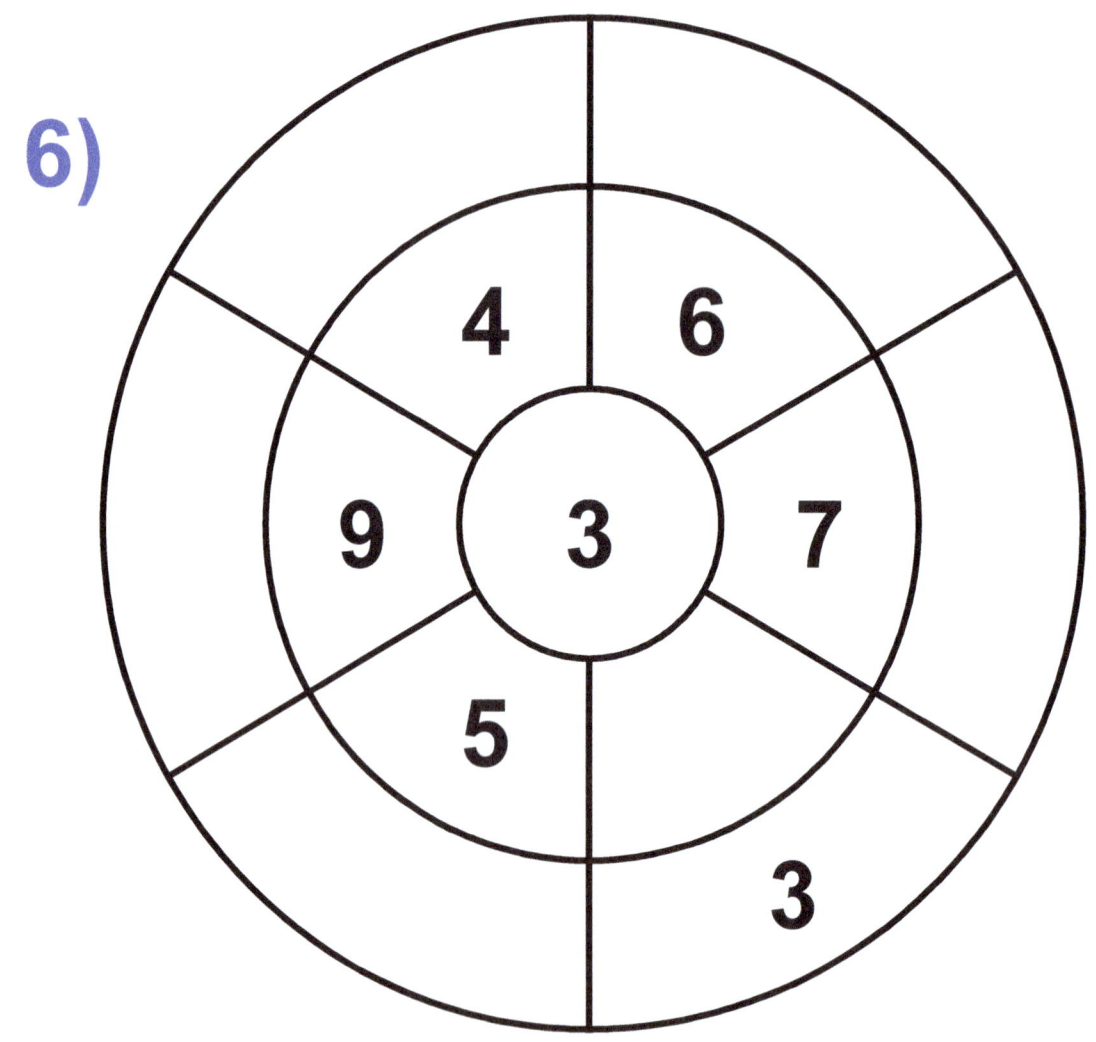

7)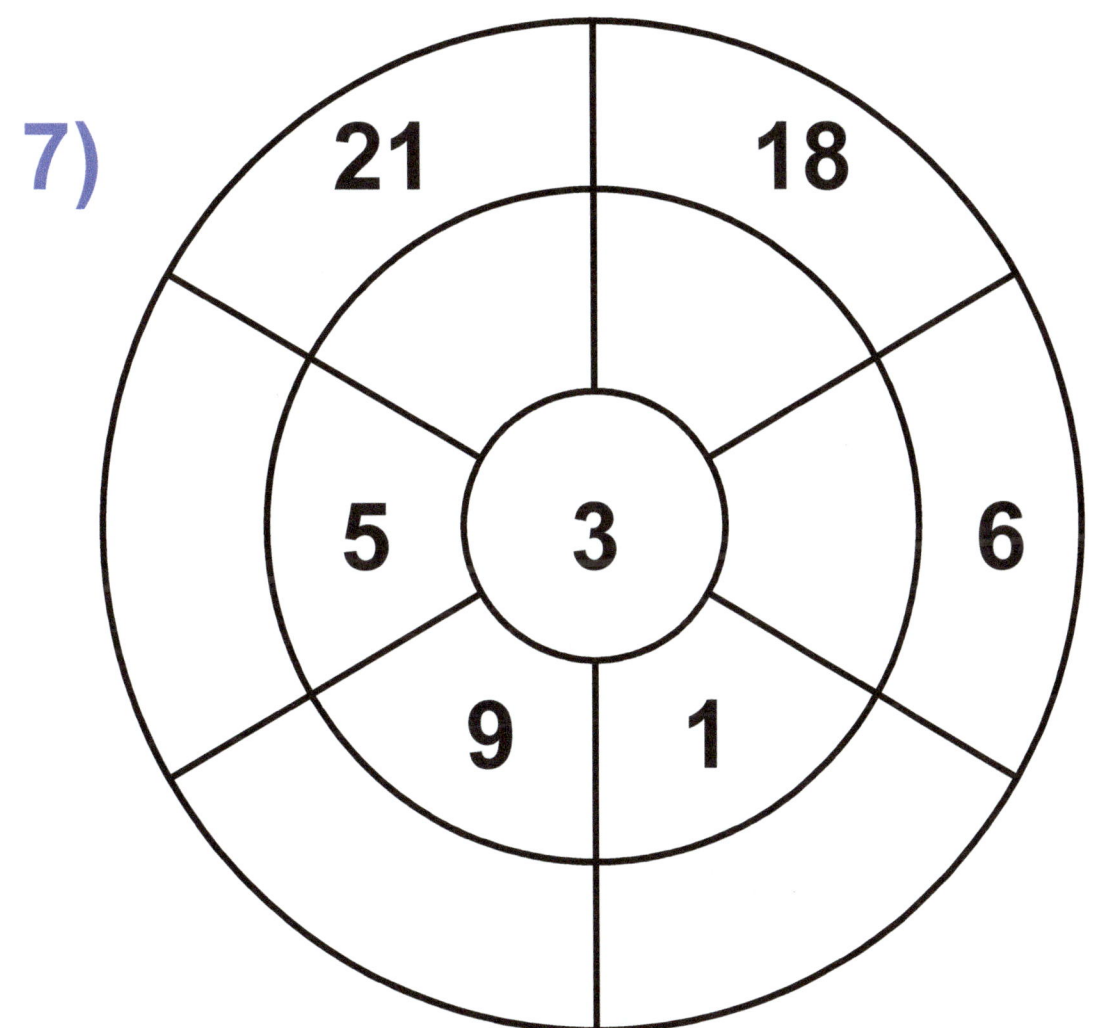

8)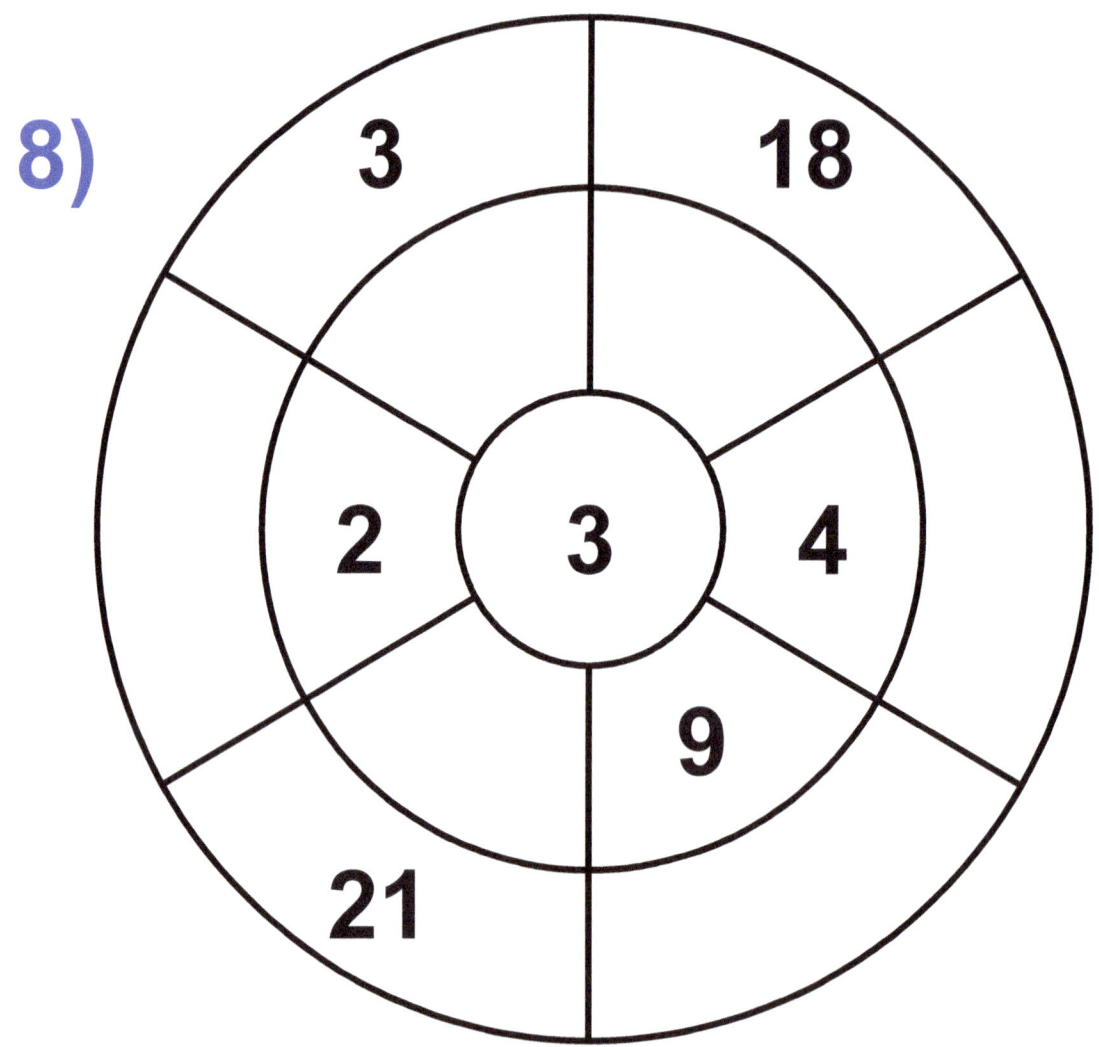

9)
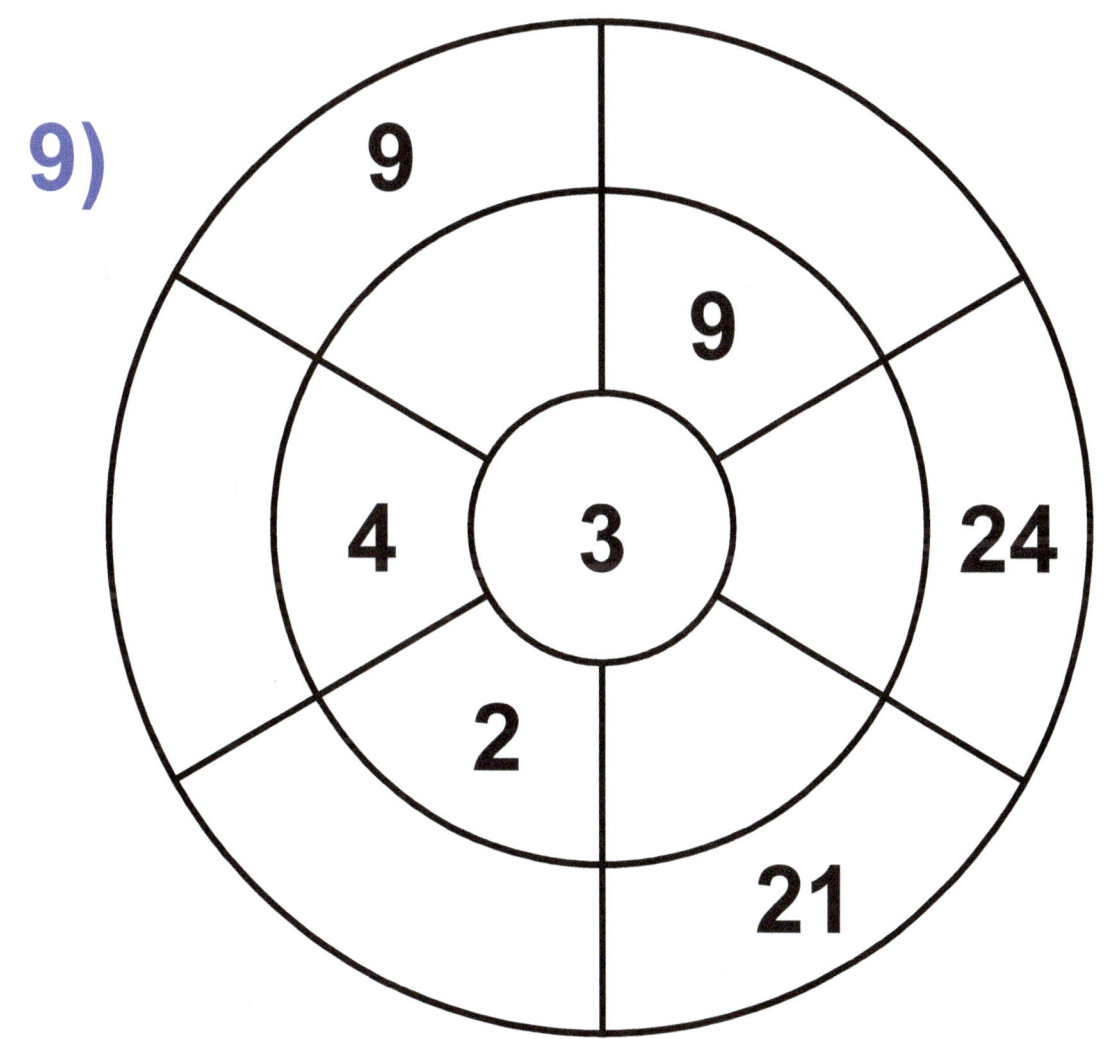

Target Circles 0-12

Complete the circle by multiplying the number in the center by the middle ring to get the outer numbers.

1)

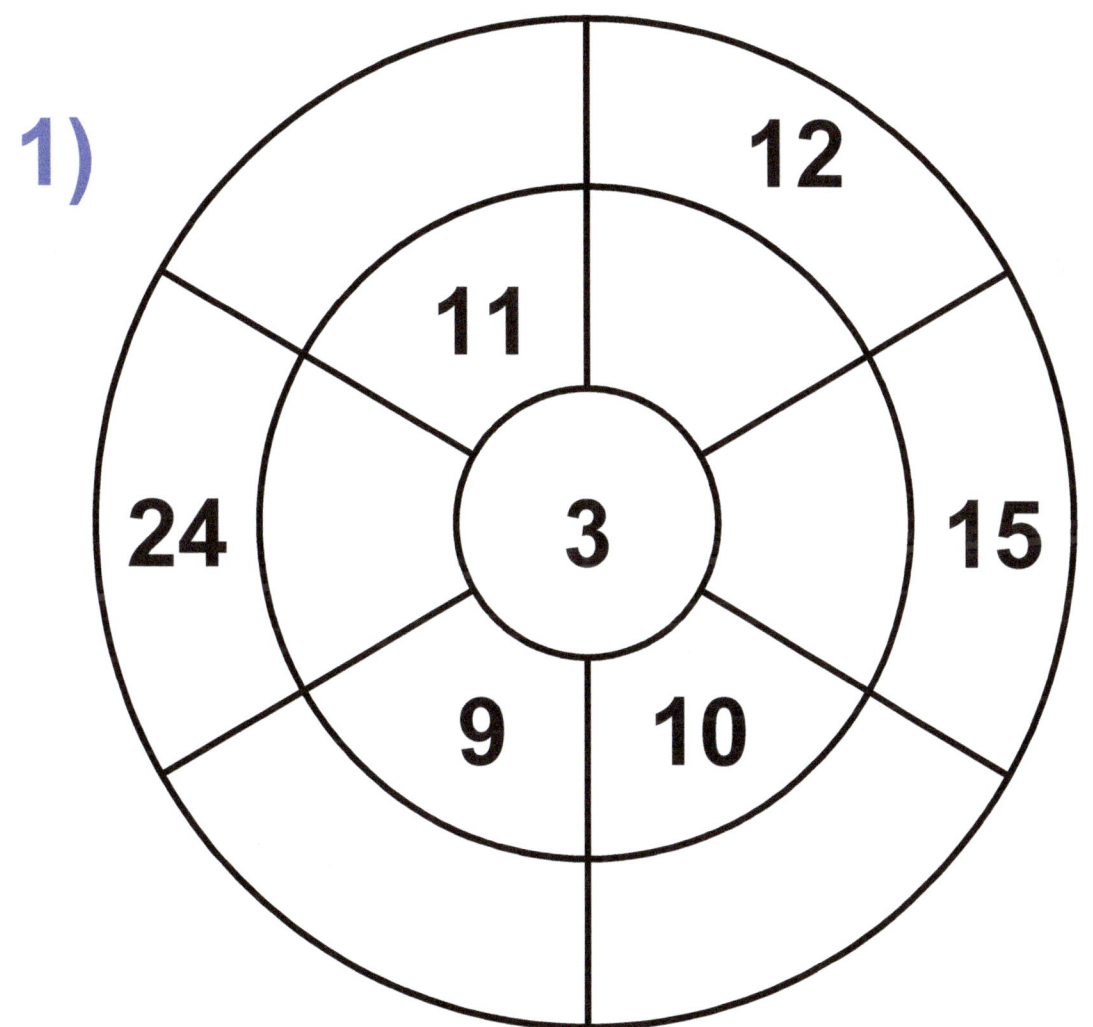

2)

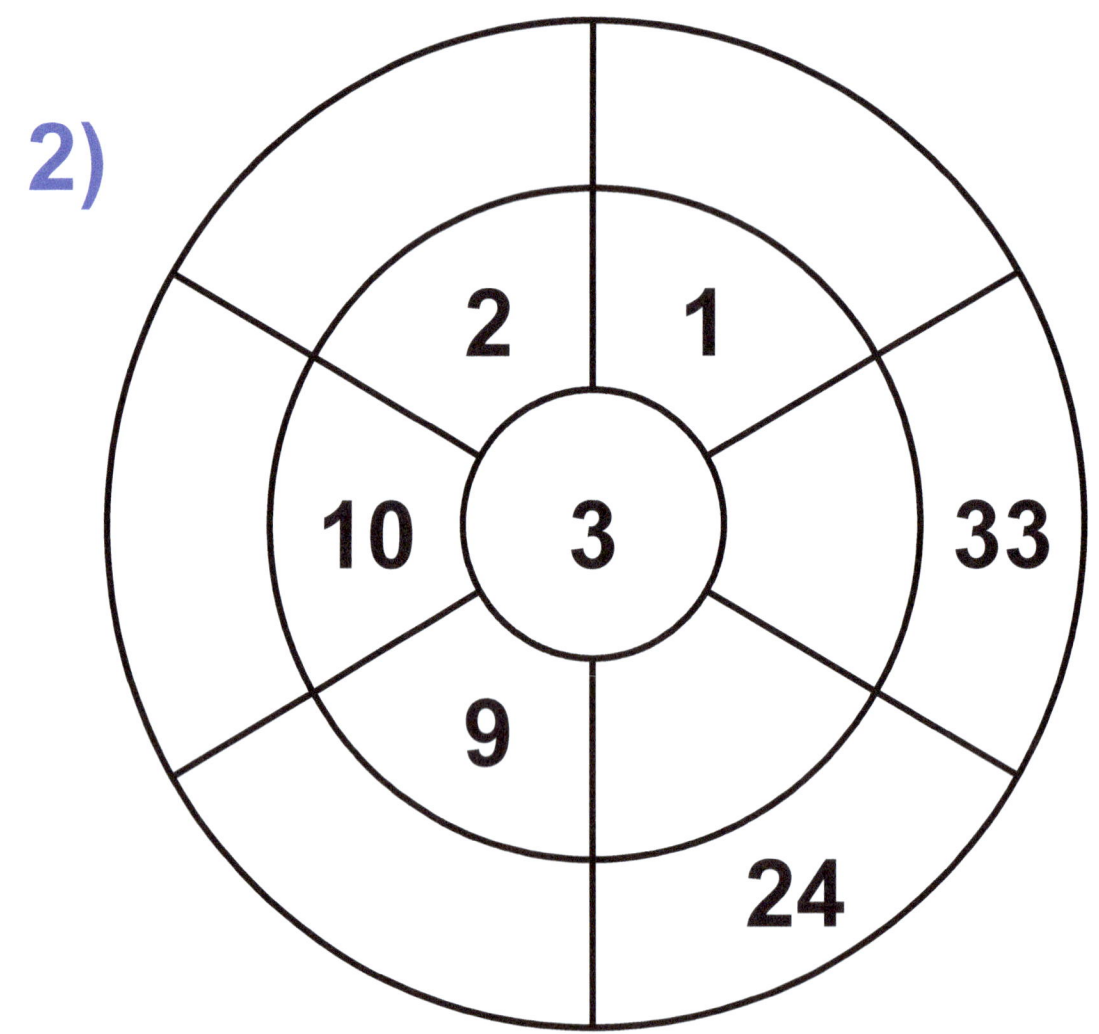

3)

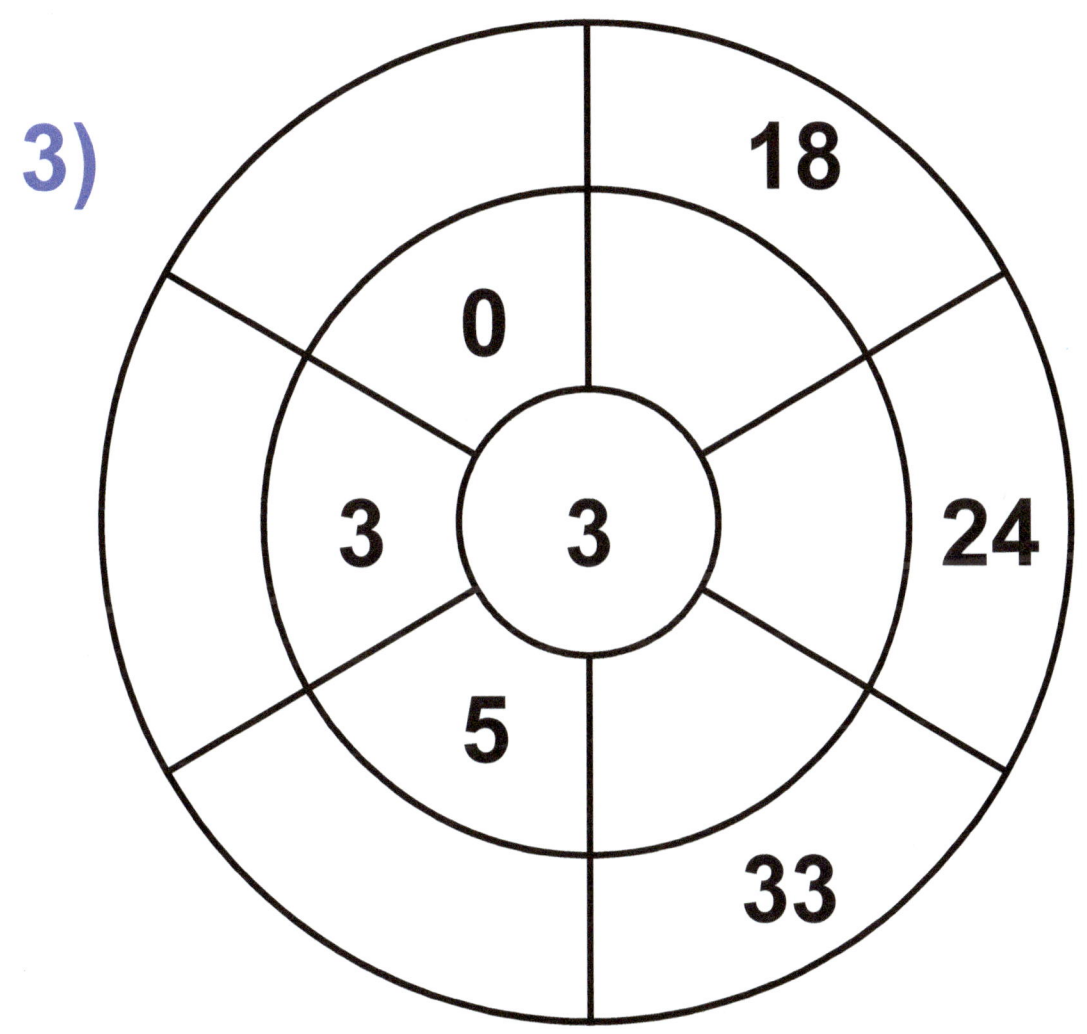

4)
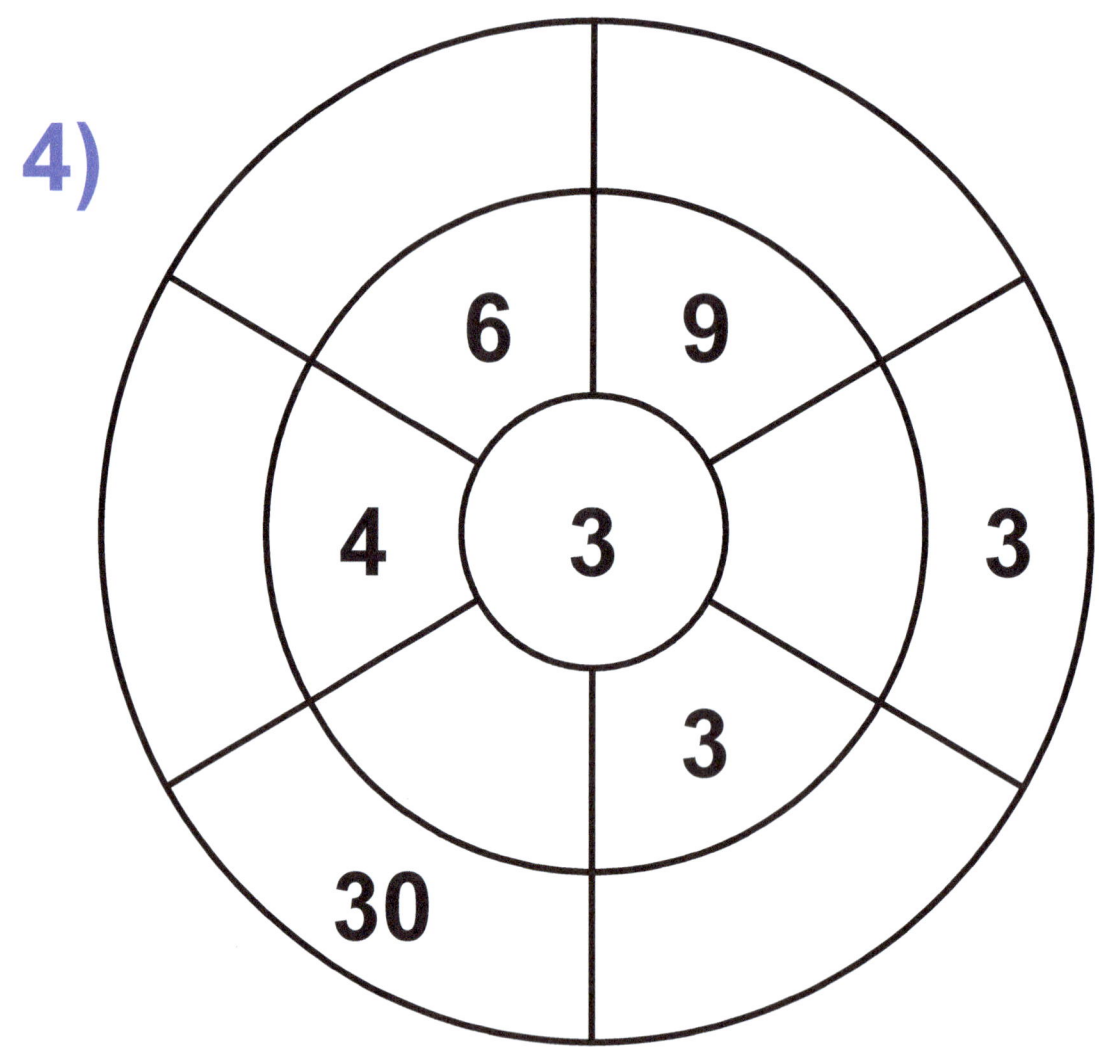

5)

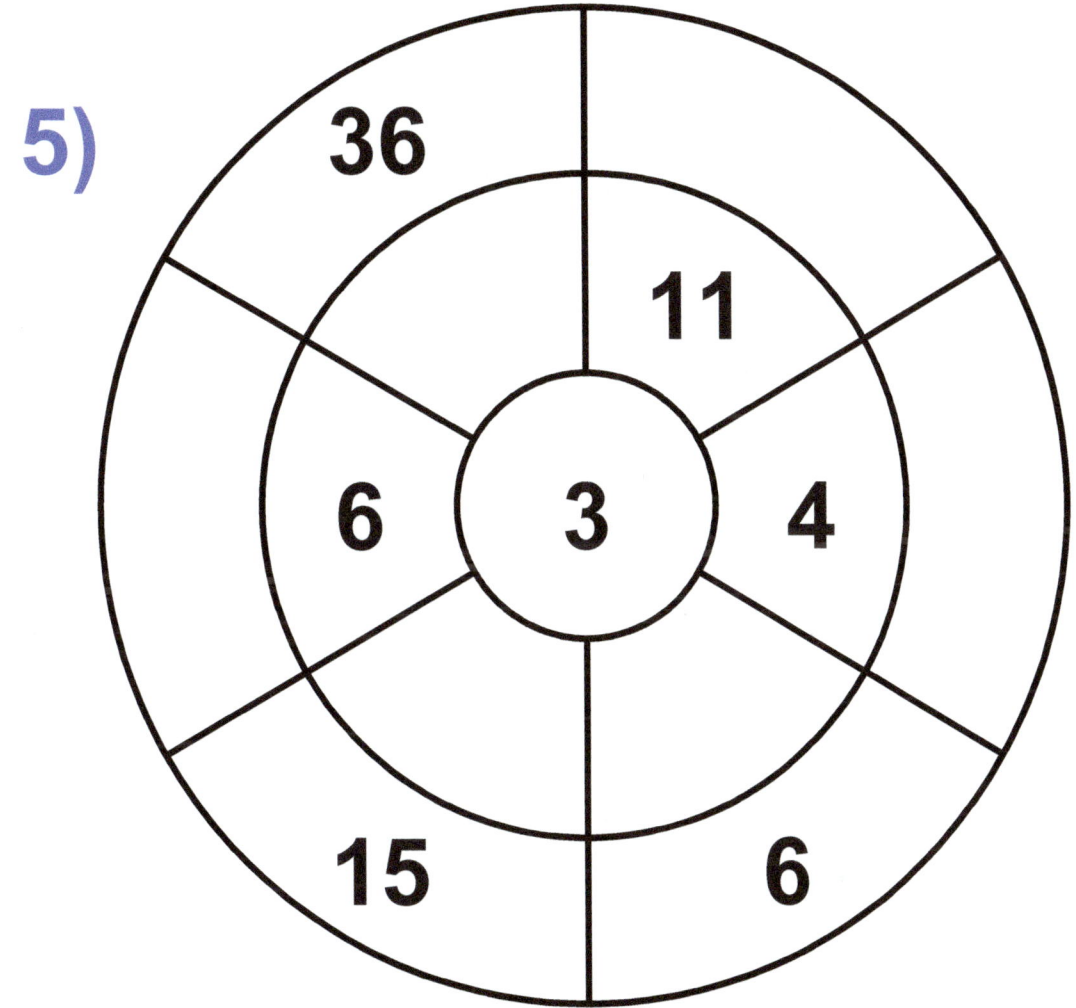

6)

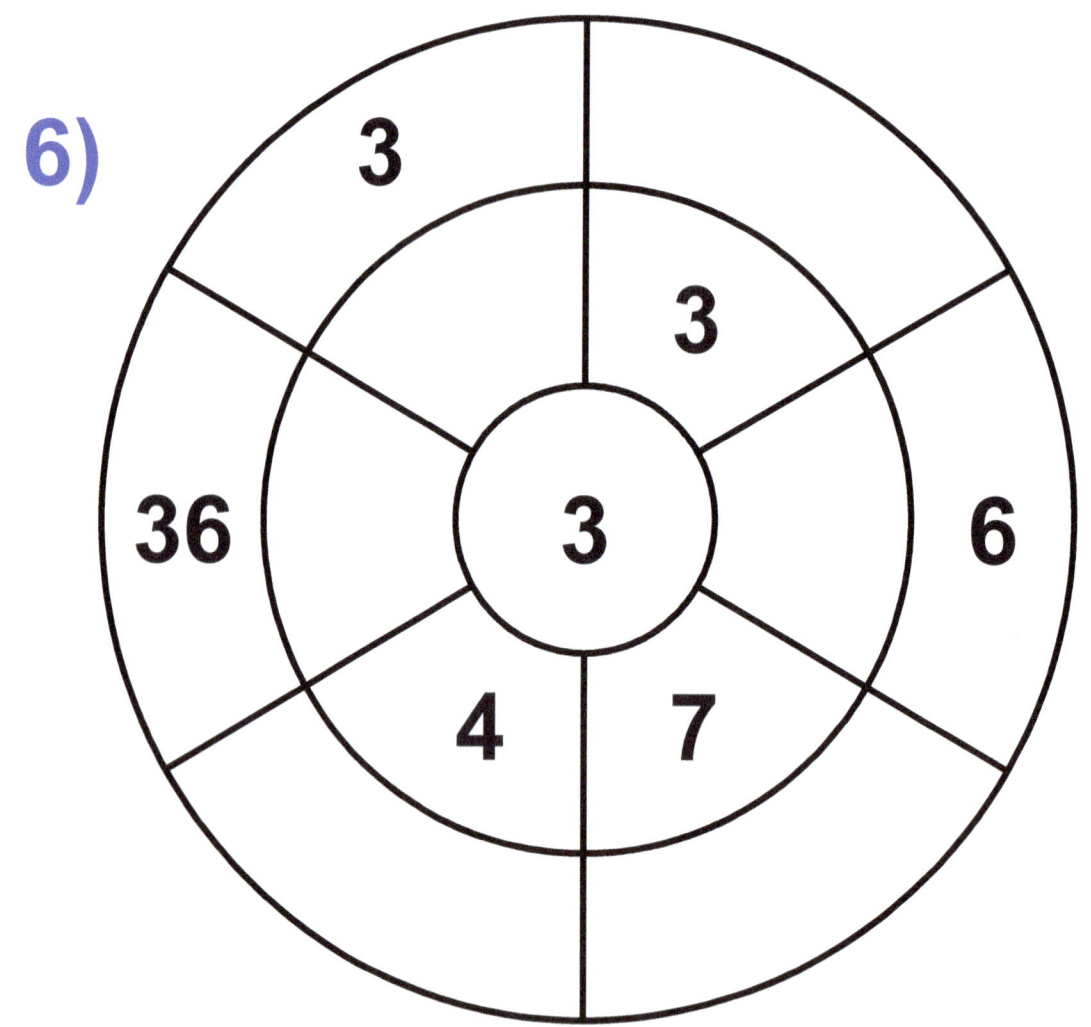

7)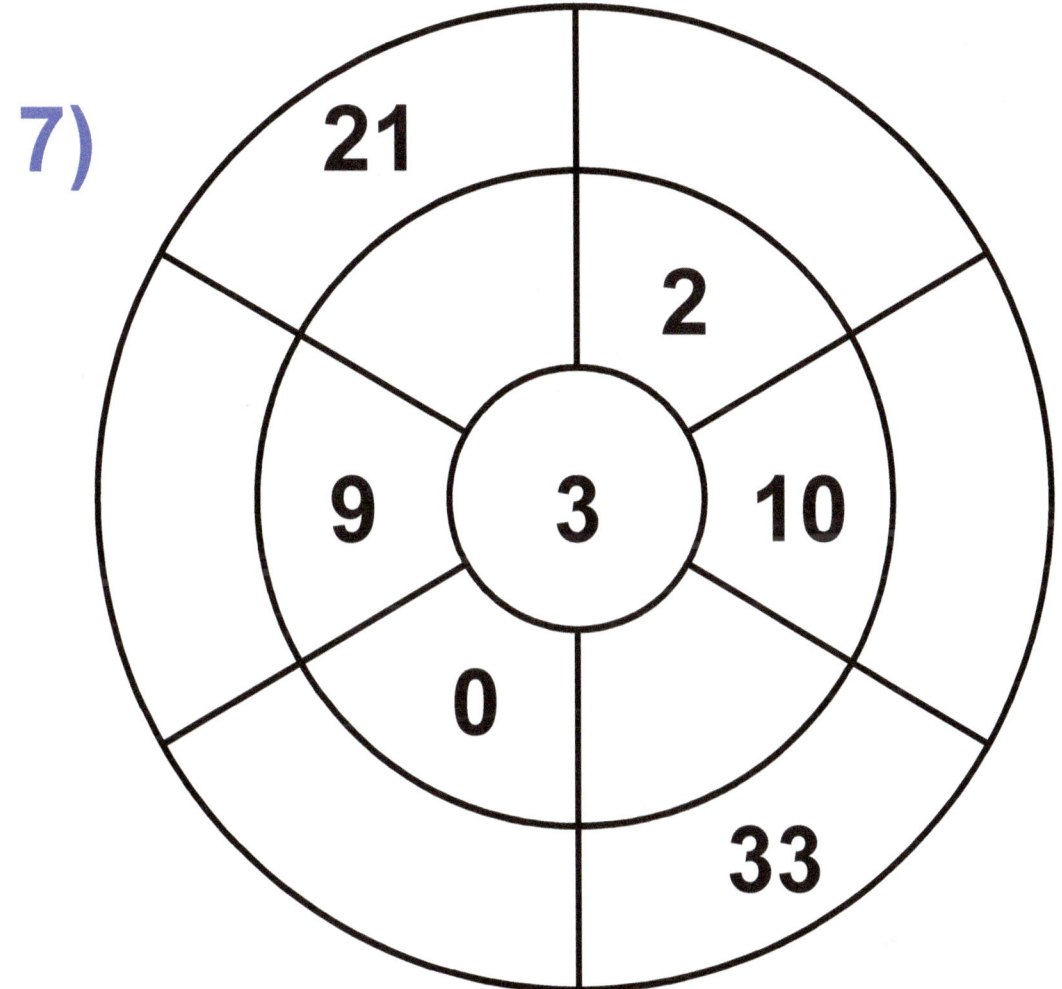

8)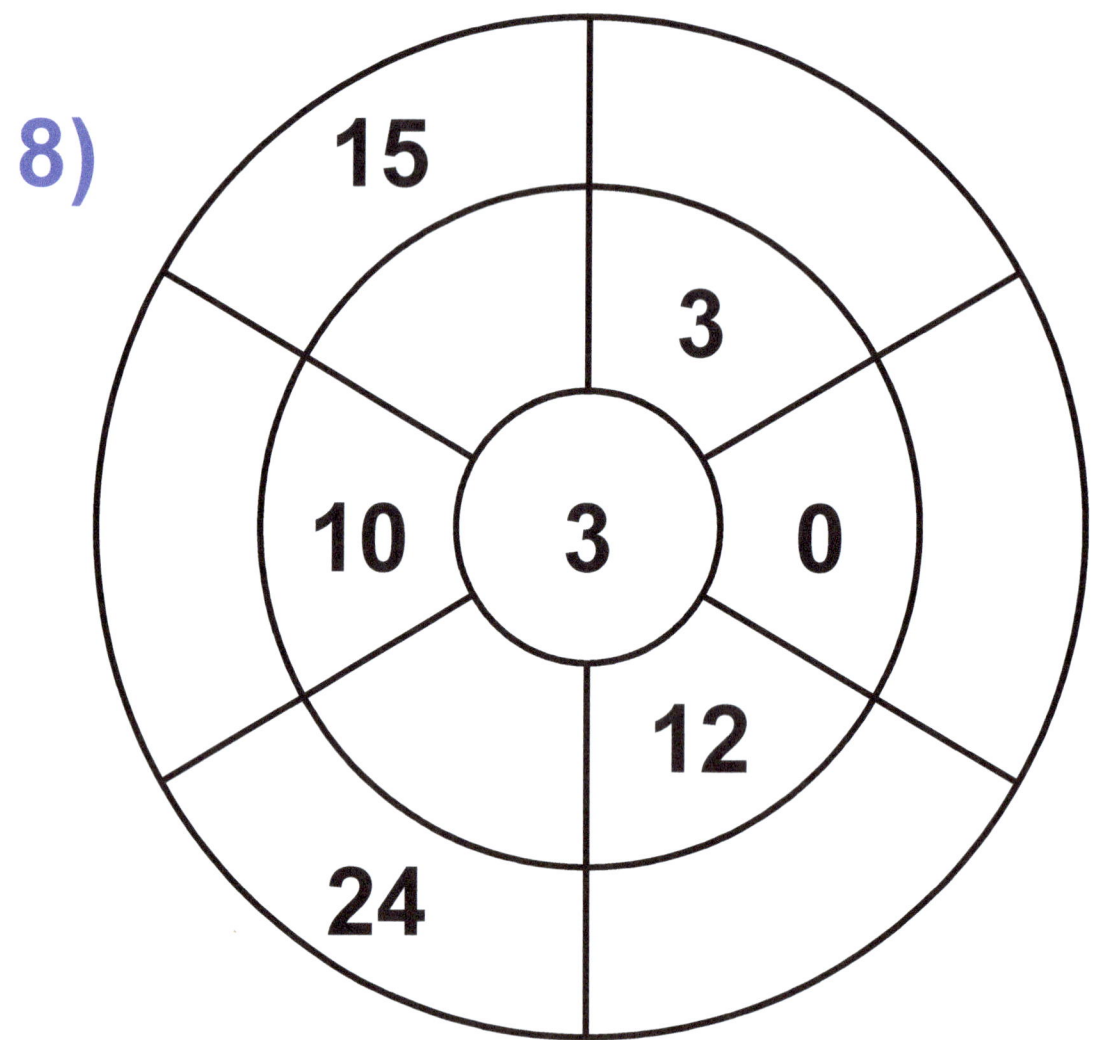

9)
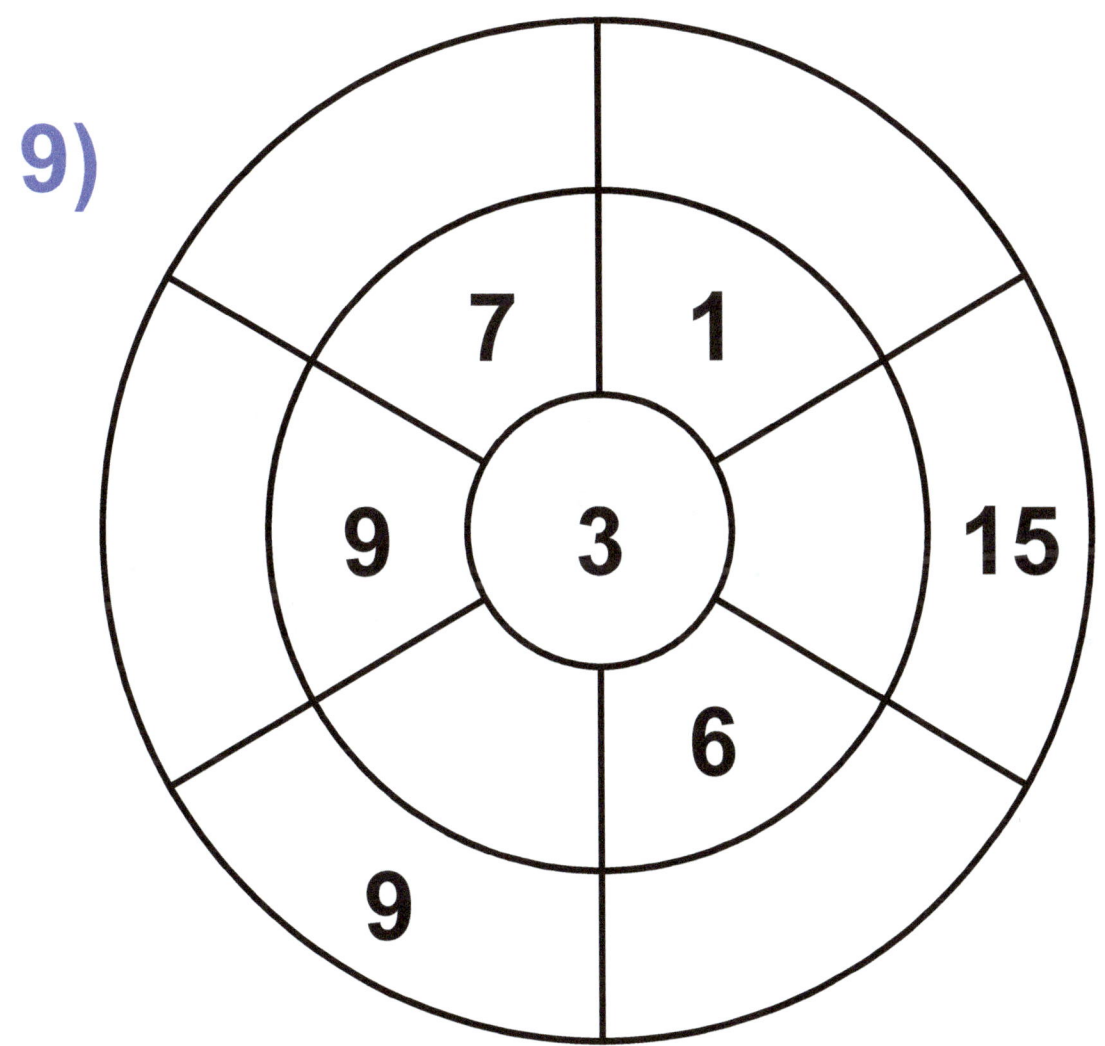

ADVANCED MULTIPLICATION

1. 17
    × 7
    ―――

2. 14
    × 9
    ―――

3. 21
    × 8
    ―――

4. 56
    × 2
    ―――

5. 38
    × 5
    ―――

6. 64
    × 7
    ―――

7. $\begin{array}{r} 52 \\ \times\, 2 \\ \hline \end{array}$

8. $\begin{array}{r} 36 \\ \times\, 5 \\ \hline \end{array}$

9. $\begin{array}{r} 58 \\ \times\, 2 \\ \hline \end{array}$

10. $\begin{array}{r} 98 \\ \times\, 8 \\ \hline \end{array}$

11. $\begin{array}{r} 28 \\ \times\, 8 \\ \hline \end{array}$

12. $\begin{array}{r} 52 \\ \times\, 5 \\ \hline \end{array}$

13. 69
    × 4
    ───

14. 12
    × 5
    ───

15. 47
    × 3
    ───

16. 24
    × 4
    ───

17. 35
    × 5
    ───

18. 40
    × 6
    ───

ANSWERS

1. 15
2. 24
3. 14
4. 32
5. 18
6. 64
7. 18
8. 49
9. 16
10. 54
11. 48
12. 6
13. 9
14. 30
15. 0
16. 15
17. 42
18. 36
19. 4
20. 16
21. 20
22. 63
23. 6
24. 12
25. 72
26. 56
27. 45
28. 36
29. 9
30. 12
31. 15
32. 32
33. 40
34. 28
35. 25
36. 27
37. 21
38. 7
39. 8
40. 9
41. 40
42. 27
43. 36
44. 49
45. 10
46. 14
47. 18
48. 24
49. 8
50. 2
51. 8
52. 24
53. 30
54. 54
55. 6
56. 1

ANSWERS

1)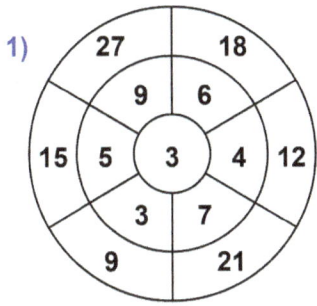
2)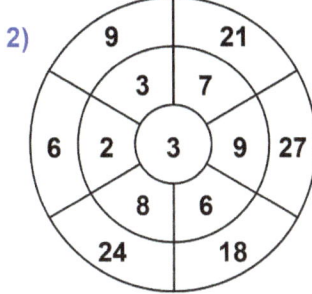
3)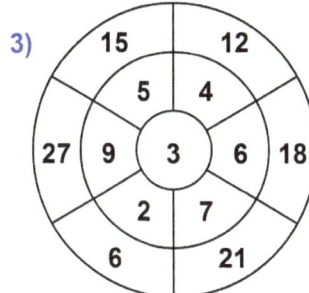

4)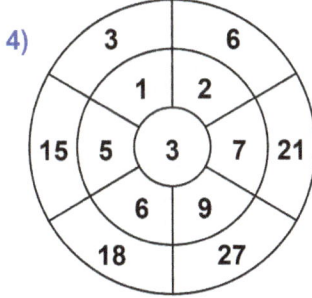
5)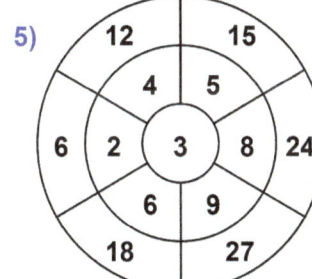
6)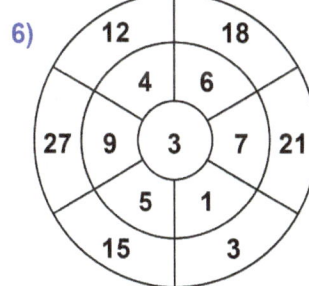

7)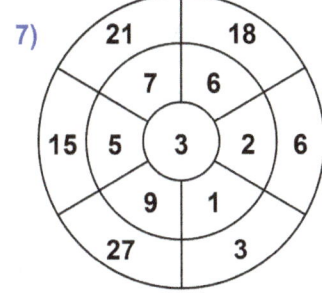
8)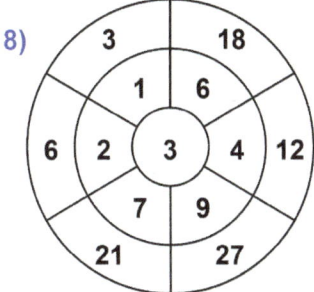
9)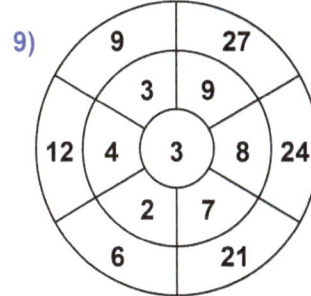

ANSWERS

1)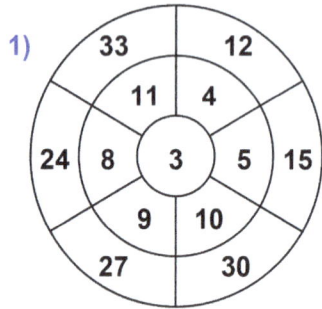
2)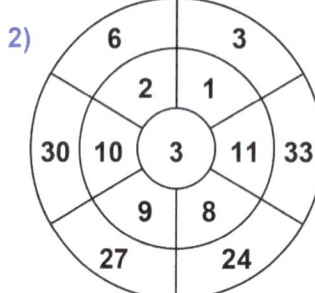
3)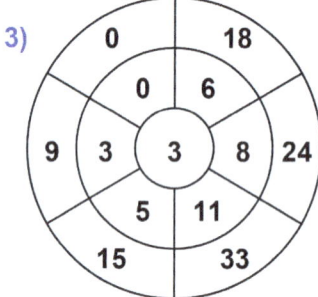

4)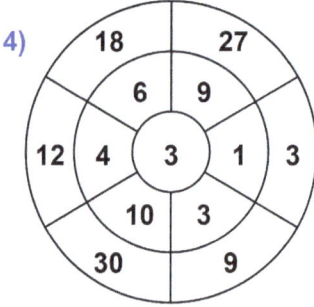
5)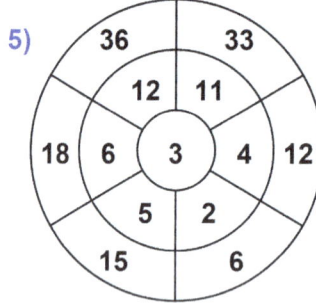
6)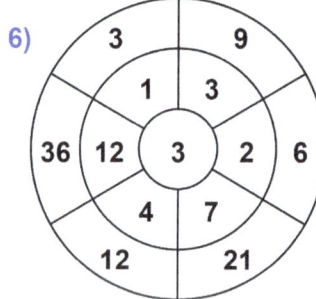

7)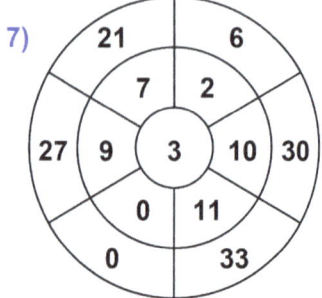
8)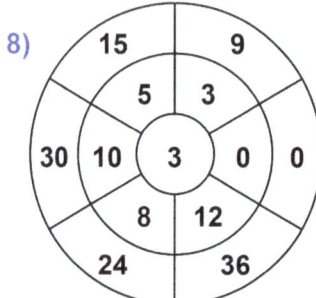
9)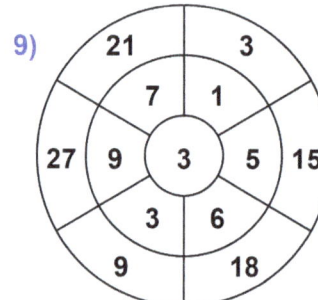

ANSWERS

1. 119
2. 126
3. 168
4. 112
5. 190
6. 448
7. 104
8. 180
9. 116

10. 784
11. 224
12. 260
13. 276
14. 60
15. 141
16. 96
17. 175
18. 240

www.ingramcontent.com/pod-product-compliance
Lightning Source LLC
LaVergne TN
LVHW082254070426
835507LV00037B/2281